# WOLFGANG BADER
## DURCHGANG

Wolfgang Bader

# Durchgang

## Mutter Teresas Umgang
## mit Sterbenden

VERLAG NEUE STADT
MÜNCHEN · ZÜRICH · WIEN

2003, 1. Auflage
© Alle Rechte bei Verlag Neue Stadt, München
Umschlaggestaltung und Satz: Neue-Stadt-Graphik unter
Verwendung eines Bildes von Reinhard Heinsdorff
Druck: Memminger MedienCentrum, Memmingen
ISBN 3-87996-591-9

# Vorwort

Die Fragen nach Anfang und Ende des menschlichen Lebens beschäftigen unsere Gesellschaft. Die Stichworte für den Beginn des Lebens heißen künstliche Befruchtung, Präimplantationsdiagnostik, Embryonenschutz, Abtreibung, Kind als Schadensfall. Bei der letzten Lebensphase des Menschen geht die Diskussion um lebenserhaltende und lebensverlängernde Maßnahmen, um Hirntod, aktive oder passive Sterbhilfe und um die Euthanasie. Immer spielen rechtliche, medizinische, biochemische, bioethische, soziale und finanzielle Aspekte zusammen.

Auf die Welt kommen und die Welt wieder verlassen sind bei uns zu problembeladenen Randzonen geworden. Geboren Werden und Sterben wurden aus der häuslichen Umgebung ausquartiert in Spezialeinrichtungen; der Alltag einer Großstadt läuft ohne Unterbrechung weiter … Das hat zur Folge, dass der Durchschnittsbürger 40 Jahre alt ist, bis er zum ersten Mal das Sterben eines Menschen persönlich, nicht nur im Fernsehen, miterlebt.

Über Wege, dem Menschen in unserer Gesellschaft ein Sterben in Würde zu ermöglichen, gibt es nicht nur viele Überlegungen, sondern auch viele Initiativen mit großem persönlichen Engagement: Palliativstationen mit ihrem ganzheitlichen Ansatz, ambulante und stationäre Hospize, Tagesheime und häusliche Begleitung.

Mutter Teresa, die 1997 in Kalkutta gestorbene Frau im weißen Sari mit den blauen Streifen, hat in einem ganz anderen Kulturkreis Erfahrungen im Umgang mit sterbenden Menschen gesammelt. Bei vielen Gelegenheiten hat sie erzählt, was sie bewogen hat, sich um Menschen in der letzten Lebensphase zu kümmern, warum sie zunächst in Kalkutta, dann in anderen Teilen der Welt Heime für Sterbende gründete. Dahinter stand kein ausgeklügeltes Konzept, sondern die Liebe zu einer Person. „Alles begann damit, dass ich in Kalkutta den ersten von der Straße aufgelesen habe. Hätte ich das nicht getan, hätten wir Schwestern auch nicht die anderen 45.000 in unsere Heime aufgenommen. Einen nach dem anderen."

Mutter Teresa war sich der Grenzen ihrer Tätigkeit bewusst: „Wir tun nur die Arbeit, zu der wir berufen sind. Andere mögen sich die Köpfe zerbrechen, wo es darum geht, Baupläne für die Gesellschaft und die Zukunft zu entwerfen. Was wir tun, ist im Grunde wenig. Man lobt uns für unseren Einsatz, doch in Wirklichkeit ist das nur ein Tropfen auf den heißen Stein und bleibt praktisch so gut wie wirkungslos angesichts des unendlichen Ausmaßes an menschlichem Leid."

Und doch: Diese Frau hat die Ränder der Gesellschaft zur Mitte ihres Lebens gemacht. Daher haben ihre „Tropfen" weite Kreise gezogen. Sind auch viele Formen der Sterbebegleitung von Mutter Teresa an ihren indischen Lebensraum und ihre klösterliche Lebensform gebunden, so scheint mir ihr spiritueller Erfahrungsschatz, der auf den folgenden Seiten skizziert wird, allemal bedenkenswert für die Hospizarbeit in unseren Breiten.

\* \* \*

Die Abbildung auf dem Umschlag zeigt das letzte Bild des Malers und Grafikers Reinhard Heinsdorff, das im Januar 2002, zwei Monate vor seinem letzten Ruderschlag, entstanden ist: Durchgang zum Licht.

# Inhalt

# Sterbenden beistehen
## Wie es anfing ...

In den vierziger Jahren des vergangenen Jahrhunderts, als der Osten Indiens noch zum britischen Empire gehörte, war Kalkutta, die ehemalige Hauptstadt, eine Stadt des Elends, mit dreitausend Slums und mehr als zwei Millionen obdachlosen Menschen. Die Krankenhäuser waren überfüllt; auch das große Campbell-Spital, das heute Nilaratan-Sakar-Hospital heißt. Nicht weit davon entfernt, in der Creek Lane 14, befand sich die erste Unterkunft von Mutter Teresa und ihren Schwestern. Dass Sterbende ihre letzten Stunden auf der Straße verbringen mussten, war in dieser Stadt nicht seltene Ausnahme, sondern Alltag. Mutter Teresa erinnert sich: „Die Krankenhäuser wollten keine mittellosen Sterbenden aufnehmen, selbst wenn sie freie Betten hatten. Sie sagten: Es ist unsere Aufgabe, Menschen wieder gesund zu machen; Todesfälle verderben nur die Statistik."

Die erste Frau, die sich im März 1949 Mutter Teresa anschloss, war eine ihrer ehemaligen Schülerinnen, Subashini Das, die spätere Schwester

Agnes. Sie erinnert sich: „Damals hatten wir noch keine Vorstellung von unserer Arbeit und ihrem Ausmaß. Wir hätten nie geglaubt, dass es einmal ein Heim oder eine Schule geben würde. Wir fingen einfach an zu arbeiten. Wir versuchten nur den Menschen auf der Straße etwas zu helfen. Wenn sie starben, benachrichtigten wir die Polizei. Einige Jahre machten wir das so ..."

Eines Tages lag wieder ein Sterbender in der Creek Lane. Mutter Teresa sah ihn. Und sie ging nicht auf die andere Straßenseite, auch nicht ans Telefon, sondern zur Leitung eines nahe gelegenen Krankenhauses und bat darum, diese Person aufzunehmen. Doch sie wurde abgewiesen. Was tun? Sie schickte ihre Schwestern in eine Apotheke, damit sie dort um Medikamente bettelten. Als sie zurückkamen, war der Mann gestorben. Entsetzt und empört klagte Mutter Teresa: „Um Hunde und Katzen kümmert man sich mehr als um die Mitmenschen!"

Der Schock saß tief. Um die Sterbenden keinen Bogen machen, sondern sich ihnen zuwenden, für sie tun, was noch möglich ist, das war der Beginn ihrer Arbeit mit Menschen in der letzten Phase ihres Lebens. Obwohl sich die Schwestern persönlich dafür einsetzten, wurden nur ganz wenige der Sterbenden von einem Krankenhaus aufgenommen.

Enttäuschung. Und Ansporn. „Wenn die Krankenhäuser diese Menschen nicht wollen", sagte sich Mutter Teresa, „dann wollen wir sie. Warum errichten wir nicht ein Haus für Menschen, die keinen Platz zum Sterben haben?"

In Motijhil, wo Mutter Teresa im Dezember 1948 angefangen hatte, Kinder zu unterrichten, gelang es ihr, für fünf Rupien ein Zimmer zu mieten. Der Anfang war gemacht, auf sechs Quadratmetern. Slumbewohner unterstützten die christlichen Schwestern, wenn sie wieder einen Sterbenden „aufgelesen" hatten. Doch nicht lange. Den Geruch, der aus dem engen Raum ins Freie trat, konnten die Anwohner nicht ertragen. Das „Haus" musste geschlossen werden.

Sich einfach geschlagen geben war nicht Mutter Teresas Art. Sie ging zur Stadtverwaltung von Kalkutta und bat um eine Herberge für Sterbende. „Geben Sie mir wenigstens irgendwo ein Zimmer!", insistierte sie. Und sie fand Unterstützung, nicht so sehr, weil die Stadt ein soziales Interesse verfolgte, sondern weil sie um ihren guten Ruf besorgt war. Dr. Ahmad, der damalige Leiter des Gesundheitsreferats, bot ihr nahe beim viel besuchten Kali-Tempel ein leer stehendes Pilgerheim an.

Der Kali-Tempel, ein imposantes Gebäude im Süden von Kalkutta, ist ein traditioneller Pilgerort.

Viele fromme Hindus kommen dorthin, um der Göttin Kali, nach der Kalkutta benannt ist, ihre Opfer darzubringen oder auch, um dort zu sterben. Da Kalighat am Ufer des Hooghly liegt, in den die heiligen Wasser des Ganges fließen, kann die Asche der Toten dort verstreut werden.

Kali ist die Göttin des Todes und der Fruchtbarkeit. Eine hinduistische Legende erzählt, dass Kalis Vater ein Opfer darbrachte, um einen Sohn zu bekommen. Dabei versäumte er es, Kalis Ehemann Shiva mit in die Zeremonie einzuschließen. Darüber war Kali so verletzt, dass sie sich das Leben nahm. Voller Kummer streifte Shiva nun mit seiner toten Frau im Arm durch die Welt, und er drohte, alles zu zerstören. Die Welt wurde gerettet, weil Vishnu einen Diskus auf Kalis Leichnam schleuderte. Überall, wo Teile ihres Körpers hinfielen, entstanden geheiligte Orte. Der heiligste Ort war dort, wo die Zehen von Kalis rechtem Fuß gelandet waren: Kalighat.

Ein Gebäude auf dem Tempelbezirk, das Dormschalah, das von einem hinduistischen Stifter erbaut worden war, hatte früher den Pilgern zum Ausruhen gedient, doch später ist es verwahrlost und wurde zum Aufenthaltsort für Nichtsesshafte – und auch für manche Gauner.

Nach der ersten Besichtigung von Kalighat meinte Mutter Teresa: „Zu diesem berühmten Hindu-
tempel kommen Menschen, um zu beten und aus-
zuruhen. Daher glaube ich, hier ist ein guter Platz
für unsere Leute. Hier können sie ausruhen, bevor
sie in den Himmel gehen."

Am 15. August 1952, dem indischen Unabhän-
gigkeitstag, stellten die Behörden Mutter Teresa
das Gebäude für ihre Sterbenden zur Verfügung.
Schon eine Woche später, am 22. August, über-
nahm sie das Haus mit zwei großen Sälen, in denen
bis zu sechzig Menschen aufgenommen werden
konnten. Sie gab dem Haus einen Namen und mit
dem Namen ein Programm: „Nirmal Hriday". Der
bengalische Ausdruck bedeutet „Ort des reinen
Herzens". In diesem Namen klingt das Wort Jesu
aus der Bergpredigt mit: „Selig, die ein reines Herz
haben, denn sie werden Gott schauen!", für katho-
lische Christen aber auch die Verehrung für das
Herz Marias.

Nun begann der Alltag in diesen Räumen.
Schwestern kümmerten sich um die medizinische
Grundversorgung der Patienten. Vor allem bemüh-
ten sie sich, dass die Menschen, die von der Polizei
hierher gebracht wurden, liebevoll aufgenommen
wurden und in Frieden sterben konnten. Nirmal
Hriday war alles andere als eine Idylle. Steine und

Ziegelbrocken wurden auf das Haus geworfen, die Schwestern mit dem Tod bedroht. Einige der vierhundert Tempelpriester befürchteten, das Heiligtum würde entweiht, weil die Schwestern „unreine" Sterbende dorthin brachten und deren Leichname auf den „heiligen" Boden niederlegten. Andere warfen den Schwestern vor, sie versuchten, die Sterbenden zum Christentum zu bekehren. Mutter Teresa schrieb über diese ersten Monate: „Am Anfang wurden wir nicht angenommen. Wir hatten große Schwierigkeiten. Eine Zeitlang zogen junge Leute drohend und randalierend herum, und unsere Armen bekamen immer mehr Angst. Eines Tages sagte ich zu den Randalierern: ‚Wenn ihr mich töten wollt, dann tut es. Ich gehe dann in den Himmel. Doch ihr müsst mit diesem Unsinn aufhören.'"

Das hatte Wirkung. Die äußere Bedrohung hörte auf. Aber nicht der Widerstand gegen ihre Arbeit. Auf den Polizeipräsidenten wurde Druck ausgeübt, damit er die Schwestern aus dem Tempelbezirk vertreibe. Doch bevor er seine Entscheidung fällte, wollte er sich persönlich ein Bild von der Situation machen und ging nach Kalighat. Da Mutter Teresa gerade mit einem Sterbenden beschäftigt war, lief er allein durch die beiden Räume und schaute sich alles an. Dann wandte er sich an die jungen Leute, die vor der Tür warteten: „Ich hatte euch versprochen, die Frau auszuweisen. Ich will mein Versprechen auch halten. Allerdings erst dann, wenn eure Mütter und Schwestern die Arbeit weiterführen, die hier von den Schwestern getan wird."

Auch die Vorbehalte der Tempelpriester konnten ausgeräumt werden, ebenfalls nicht mit Worten, sondern durch die Überzeugungskraft des Beispiels. Eines Tages bemerkte Mutter Teresa einen Pulk von Leuten. Sie ging hin und sah zwischen den Herumstehenden einen jungen Mann, der auf dem Pflaster lag und sich vor Schmerzen krümmte. Mutter Teresa nahm den Schwerkranken auf und trug ihn nach „Nirmal Hriday". Dort stellte sich heraus, dass er an Cholera litt. Er war etwa 25 Jahre alt und ein Priester am Kali-Tempel. „Kein Hospital wollte ihn aufnehmen, überall wurde er abgewiesen. Er war sehr verbittert, als er zu uns kam; er wollte nicht sterben. In den zwei Wochen, die er bei uns war, fand er allmählich Ruhe und Frieden. Die Tempelpriester besuchten ihn täglich; sie wunderten sich, wie sehr er sich veränderte. Ich glaube, er lernte in der Umgebung von Menschen, die ähnlich litten wie er, sein Schicksal anzunehmen. Leidende Menschen sind einander eine große Hilfe."

Das Sterbeheim in Kalighat kam noch einmal bei einer Sitzung des Stadtrats von Kalkutta auf die Tagesordnung. Denn, so erklärte Mutter Teresa, „es gab immer noch Leute, die dagegen waren, dass wir die Verlassenen und Sterbenden hierher auf heiligen Boden brachten. Sie behaupteten, das Heiligtum werde dadurch verunreinigt. Da niemand ein besseres Gebäude anbieten konnte, ging die Sache durch. Man gab uns den Bescheid, dass wir in Kalighat bleiben dürfen, bis etwas Geeigneteres gefunden wird." Dabei ist es bis heute geblieben.

Nun begann eine gute, eine ruhige Zeit für das Haus „Reines Herz". „Es sprach sich in der Stadt herum, dass es ein Haus gibt, in dem Sterbende aufgenommen werden. Sogar die städtische Ambulanz brachte sie zu uns. Allerdings haben wir nur Menschen aufgenommen, die von den Hospitälern abgewiesen worden waren. Denn wir sind nur für diejenigen da, die kein Spital will, die niemanden haben, der sich um sie kümmern kann." Die Stadtverwaltung bewilligte den Schwestern sogar eine jährliche Zuwendung von hundertfünfzigtausend Rupien. Als diese Unterstützung nicht mehr notwendig war, weil immer mehr Spenden eintrafen und sich auch ehrenamtliche Helferinnen und Helfer in „Nirmal Hriday" engagierten, teilte Mutter Teresa der Verwaltung mit, dass man nun auf diese Subvention verzichten könne.

In Kalighat werden jährlich mehrere tausend Menschen aufgenommen. Die meisten von ihnen sind Hindus, gefolgt von Muslimen, Buddhisten und Christen. Über jeden wird Buch geführt. Daher weiß man, dass in den sechziger und siebziger Jahren etwa die Hälfte der Kranken dort gestorben ist. In den letzten Jahren betrug der Anteil nur noch ein Fünftel. Die anderen konnten entlassen werden, viele von ihnen in andere Häuser von Mutter Teresa. Heute arbeiten in Kalighat nicht nur die Schwestern von Mutter Teresa, sondern auch einige „Brüder" aus dem von ihr gegründeten männlichen Zweig ihres Ordens. Dazu kommen freiwillige Helfer aus vielen Teilen der Welt. „Sie arbeiten oft das ganze Jahr, um sich das Geld für ihren Einsatz zu verdienen, denn wir geben ihnen nichts, sie müssen für alles selbst aufkommen. Immer mehr Hindus, Muslime und Buddhisten helfen uns bei unserer Arbeit. Sie kommen zu den Ärmsten der Armen, wollen konkret mit anpacken und auf ihre Weise Gott dienen. Einigen fällt das sehr schwer, weil es nach ihrer religiösen Überzeugung nicht erlaubt ist, Aussätzige und Sterbende zu berühren." Dabei spielen das traditionelle Kastendenken und rituelle Reinheitsvorschriften immer noch eine große Rolle.

## Mutter Teresas Rückblick

„Wir wissen, dass das, was wir tun, nur ein Tropfen im Ozean ist. Doch ohne diesen Tropfen wäre der Ozean ärmer. Hätten wir unsere Heime für Sterbende nicht, wären alle, die wir aufgelesen haben, auf der Straße gestorben. Ich denke, es war der Mühe wert, dass wir diese Heime errichtet haben – wenn auch nur für diese wenigen Menschen, die so in einer besseren Umgebung und im Frieden Gottes sterben konnten."

Nicht nur für „diese wenigen Menschen", wie Mutter Teresa bescheiden sagte, war dieses Heim der Mühe wert. Es zeigt seine Wirkung auch darüber hinaus. „Seit wir unsere Arbeit begonnen haben, geschieht etwas Wunderbares. Die Leute fangen an, sich Gedanken zu machen. Früher gingen sie einfach vorbei, wenn jemand auf der Straße starb; wenn sie jetzt einen Sterbenden sehen, tun sie etwas. Sie versuchen, einen Krankenwagen zu bekommen, bringen den Sterbenden mit einer Rikscha oder einem Taxi nach Kalighat, oder sie rufen uns an. Das Entscheidende ist, dass sie etwas tun. Ist das nicht wunderbar?"

Kalighat ist bis heute ein besonderer Ort auf der Landkarte von Mutter Teresas Werk. „Ein Schatzhaus, wie es jedes Krankenhaus ist." Die Ordensgründerin hat eine Regel hinterlassen, dass jede neue Mitarbeiterin und jeder neue Mitarbeiter am Tag nach der Ankunft in das Haus der Sterbenden gehen müssen. „Ich setze die jungen Menschen, wenn sie kommen, immer zuerst in den schwersten Dienst ein; denn wenn sie diesen annehmen können, dann sind sie imstande, auch alles andere zu tun."

Umgeben von belebten Straßen voller Lärm ist Kalighat ein Ort der Stille, erfüllt von Ehrfurcht und Achtung. Kaum ein Geräusch ist in den Räumen zu hören, man spricht im Flüsterton. Auf die Frage, woher das kommt, gab Mutter Teresa eine ihrer direkten Antworten: „Das macht die Nähe Gottes." – „Hier", so sagte sie, „verstehen wir, wie wertvoll das Innere eines Menschen ist. Und hier begegnen wir dem Herrn von Angesicht zu Angesicht."

Kalighat, das erste Heim für Sterbende, hat Schule gemacht. Heute haben die Schwestern 150 solcher Heime mit etwa siebzehntausend Patienten. „Und alles begann damit", so Mutter Teresas Resümee, „dass ich in Kalkutta einen Sterbenden von der Straße aufgelesen habe, und dann einen nach dem andern. Hätte ich es nicht für den ersten getan, gäbe es nicht die vielen, die wir heute haben."

# Gebet im Sterbeheim

*Lieber Gott, ich bitte dich:*
*Gib meinen Händen Geschick,*
*meinem Verstand Klarheit,*
*meinem Herzen Güte und Mitgefühl.*
*Gib mir Lauterkeit und Geduld;*
*gib mir die Kraft,*
*wenigstens einen Teil der Last*
*meiner leidenden Brüder und Schwestern*
*zu tragen.*
*Lass mich nie vergessen,*
*dass es eine Ehre für mich ist,*
*den Todkranken dienen zu dürfen.*
*Das habe ich dir zu verdanken.*
*Nimm von meinem Herzen alle Schuld*
*und alles, was nicht gut ist.*
*Lass mich auf dich vertrauen*
*mit dem einfachen Glauben eines Kindes.*

# „Unsere" Ärmsten der Armen

Mutter Teresa war nicht Sterbebegleiterin im engeren Sinn des Wortes. Ihre Lebensaufgabe war eine andere. Sie sagte einmal: „Wir wollen nicht, wie es andere Orden im Lauf der Geschichte getan haben, damit anfangen, den Armen zu dienen, allmählich Reich und Arm dienen und am Ende nur noch den Reichen dienen." Vielleicht steckt dahinter die Erfahrung, die Mutter Teresa im Orden der Loreto-Schwestern gemacht hatte.

Mutter Teresa, die 1910 geborene Agnes Bojaxhiu (gesprochen: Bojadschiu) las als Jugendliche Berichte von kroatischen und slowenischen Missionaren, die südlich von Kalkutta im Gangesdelta tätig waren. Davon fühlte sie sich so angesprochen, dass sie sich erkundigte, was man tun müsse, um nach Indien gehen zu dürfen. Man riet ihr, sie solle sich dem Orden der Loreto-Schwestern anschließen, da diese in Bengalen tätig seien. Die Schwestern von Loreto, die einen großen Grundbesitz geerbt hatten, unterhielten in Indien mehrere Schulen und waren als gute Erzieherinnen anerkannt. Mutter Teresa fing an, Englisch zu lernen und trat 1928 in Rathfarnham (Dublin) ins Loreto-Kloster ein. Im Januar des Jahres 1929 kam sie in Darjeeling in Nordindien an. Nach ihrem Noviziat und ihren ersten Gelübden, die sie am 24. Mai 1931 ablegte, unterrichtete sie siebzehn Jahre bengalische Mädchen der Mittelklasse in der St. Mary´s High School in Entally. Die Lehrerin für Geographie und Geschichte war einige Jahre auch Rektorin dieser Schule mit etwa dreihundert Schülerinnen.

## *Die Berufung in der Berufung*

Eine Zugfahrt mit dem „toy train" von Kalkutta nach Darjeeling, der „Stadt des Blitzes", wurde für Mutter Teresa zum entscheidenden Wendepunkt ihres Lebens. Es war der 10. September 1946, der heute von den Schwestern als Gründungstag ihrer Gemeinschaft gefeiert wird. An diesem Tag erkannte die 36-Jährige die neue Ausrichtung ihres Lebens: „Ich sollte den Konvent verlassen, den Armen helfen und bei ihnen leben." Zu dieser „Berufung in der Berufung" sagte Mutter Teresa ihr Ja und begann einen Weg, den noch niemand gegangen war. Am 16. August 1948 schloss sich hinter ihr der Konvent. „Dass ich Loreto verlassen musste, war das größte Opfer, das Schwerste, was ich jemals habe tun müssen. Es war viel schwerer als damals meine Angehörigen und meine Heimat zu verlassen und in den Orden einzutreten. Loreto war einfach mein Ein und Alles. Dort habe ich meine geistliche Ausbildung bekommen. Dort wurde ich Ordensfrau und habe eine tiefe Beziehung zu Jesus gefunden. Die Arbeit, den Unterricht, habe ich sehr geliebt."

Mutter Teresa verließ den Orden, nicht um für sich eine größere Freiheit zu finden, sondern um hinzugehen zu den „Ärmsten der Armen". Und das, so erklärte sie einmal, „sind die, die nicht in die Kirche gehen, weil sie das in ihren Lumpen nicht wagen. Es sind die, die nicht essen, weil sie nicht mehr die Kraft dazu haben. Es sind die, die auf der Straße umfallen und wissen, dass sie da sterben und dass die Lebenden vorbeigehen, ohne einen Blick auf sie zu werfen. Es sind die, die nicht weinen, weil sie keine Tränen mehr haben."

Wegen dieser Option für die Ärmsten unter den Armen lehnte Mutter Teresa für ihre Heime die Anschaffung moderner medizinischer Geräte ab. Denn, so ihre Begründung, das führe dazu, dass die Patienten mit guten Heilungschancen den Vorrang und die beste Behandlung bekommen. „Am Ende", so sagte sie, „werden nur noch Menschen mit guten Heilungschancen aufgenommen. Doch wir sind gerade für die da, die von bestehenden Institutionen abgewiesen werden. In unseren Heimen halten wir die Tür für die Menschen offen, die keine Aussicht auf Genesung haben, und für die, die dann doch eines Tages zu uns kommen werden."

## *Leben für und wie die Armen*

Mutter Teresas Entschluss umfasste mehr als ein Hingehen zu den Armen. Sie wollte auch wie die Armen und mit ihnen leben. Denn sie war überzeugt: „Um den Armen in angemessener Weise dienen zu können, müssen wir sie verstehen. Und um ihre Armut verstehen zu können, müssen wir sie am eigenen Leib erfahren. Unsere Schwestern müssen ihre Gefühle teilen und erleben, was es heißt, ohne Sicherheit zu leben und ganz von Gott abzuhängen." – „Wenn die Armen über das Essen klagen, können wir sagen: Das essen wir auch. Sagen sie: Es war heute Nacht so heiß, man konnte nicht schlafen, können wir antworten: Auch uns war so heiß. Die Armen machen ihre Wäsche selbst, sie gehen barfuß: So tun wir es auch. Das Herz der Armen öffnet sich, wenn wir versichern können, dass wir leben wie sie. Manchmal haben sie nur einen Eimer Wasser. Wir auch. Sie stehen Schlange. Wir auch. Essen, Kleidung, alles soll so sein, wie es die Armen haben. Wir fasten. Unser Fasten besteht darin, zu essen, was wir bekommen, ohne auszuwählen."

„Wenn wir jetzt anderen erzählen", sagt Schwester Agnes, die sich als erste Mutter Teresa anschloss, „wie wir in der ersten Gruppe gelebt haben, können sie das kaum glauben. Es war wirklich unglaublich. Wir mussten jeden Tag unsere Kleider waschen, weil wir mit ansteckenden Krankheiten in Berührung kamen. Wir gebrauchten die billigste Seife, die zu bekommen war. Denn wir waren der Meinung, dass Waschpulver nur für die Reichen sei ... Mutter Teresa war ständig auf den Beinen, und so merkte sie gar nicht, wie hart es war. Ich glaube, es musste so sein, denn sonst gäbe es dies alles nicht."

„Dies alles", das sind rund viertausend Schwestern und vierhundert Brüder, die in fünfhundert Häusern „mit den Ärmsten der Armen" leben. Die Schwestern wie die Brüder legen nicht nur die klassischen drei Ordensgelübde der Armut, der Keuschheit und des Gehorsams ab, sondern auch ein viertes Gelübde: „Wir geloben, den Ärmsten der Armen mit unserem ganzen Herzen und ohne Entgelt zu dienen." Dazu gehört, „die Kranken und Sterbenden zu pflegen, nicht nur leiblich, sondern auch geistig und geistlich".

*Armut hat viele Gesichter*

Mutter Teresa hat eine klare Antwort auf die Frage, woher die Armut in der Welt kommt: „Gott hat die Armut nicht erschaffen, er schuf uns. Armut ist eine Schöpfung von dir und mir, sie ist das Ergebnis unserer Weigerung, mit anderen zu teilen." Daher, so ihre Überzeugung, „wird das Problem nur dadurch gelöst, dass wir fähig werden, unsere Habgier aufzugeben".

Da dieses „Problem" so schnell nicht gelöst sein wird, befürchtete Mutter Teresa nicht, dass den Schwestern die Arbeit ausgehen könnte: „Es gibt genug Arme in der Welt." Nicht nur in Indien, auch in den so genannten reichen Ländern. „Im Grunde gibt es keinen großen Unterschied zwischen den Ländern, überall begegnet man den gleichen Menschen. Sie mögen anders aussehen und verschieden gekleidet sein, sie mögen anders erzogen sein und andere Ansichten haben: Doch im Grunde sind alle gleich. Alle sind Menschen, die geliebt sein wollen und nach Liebe hungern." Der gemeinsamen Sehnsucht aller Menschen, zu lieben und geliebt zu werden, entspricht auch ihre gemeinsame Not: „In den langen Jahren meiner Arbeit unter den Menschen ist mir immer klarer geworden, dass die schwerste Krankheit, die ein menschliches Wesen erleiden kann, die ist, unerwünscht zu sein." Auf dieser Grundlage der Gleichheit aller Menschen unterschied Mutter Teresa sehr wohl Ausdrucksformen und Sehnsüchte der Menschen in verschiedenen Erdteilen. In den reichen Ländern „leiden die Menschen unter schrecklicher Einsamkeit, schrecklicher Verzweiflung, schrecklichem Hass. Sie fühlen sich unerwünscht, hilflos, hoffnungslos". Daher, so meinte sie, sei ihre Aufgabe in Europa schwieriger als in Kalkutta oder im Jemen. „Dort brauchen die Leute einen Verband für ihre Wunden, eine Schüssel Reis und eine freundliche Umarmung – dazu jemand, der ihnen zu verstehen gibt, dass sie geliebt und gebraucht werden. Hier in Europa liegen die Probleme der Menschen viel tiefer, in ihrem Innern. Bevor ihre Probleme deutlich werden und du ihnen helfen kannst, müssen sie erst einmal Vertrauen zu dir finden, dich als einen Menschen kennen lernen, der ein Zeugnis der Barmherzigkeit und der Liebe Christi ist. Das erfordert viel Zeit! Nutze sie, um ein Mensch des Gebets zu werden, der sich den anderen schenken kann."

## „Unsere Armen"

Mutter Teresa spricht meist nicht von „den" Armen, sondern von „meinen" oder von „unseren" Armen. Die Armen sind für sie nicht Fremde oder Außenstehende. Sie gehören zu ihr, zu ihren Schwestern. Nicht als Last, sondern als Geschenk.

Gewöhnlich versteht man unter Mutter Teresas Gemeinschaft die Schwestern, die sich um Arme kümmern. Doch sie vertritt eine andere Sicht: „Meine Kommunität sind die Armen. Mein Haus ist das Haus der Armen – nicht der Armen, sondern der Ärmsten unter den Armen."

In diesem „Haus mit den Ärmsten der Armen", so könnte man Mutter Teresas Auffassung weiterdenken, lebt eine Gemeinschaft von Kranken und Noch-nicht-Kranken, von Sterbenden und Noch-nicht-Sterbenden. Doch auch dieser – rein zeitliche – Unterschied wird getragen von der Erfahrung des gegenseitigen Sich-beschenkt-Wissens. Weil die Armen zu ihrer Gemeinschaft gehören, sind sie nicht nur „Empfänger" von Zuwendung und Hingabe, sondern wertvolle, bereichernde „Familienmitglieder". Welche Hochachtung und Bewunderung spricht aus Mutter Teresas Worten, wenn sie von ihren Armen sagt: „Sie sind liebenswerte, großartige Menschen, sie brauchen nicht Sympathie, Mitleid oder unser Bedauern, wir werden ihnen nur dann gerecht, wenn wir ihre Würde anerkennen und sie mit Liebe und Achtung behandeln." – „Sie haben uns vieles zu geben: durch ihren Glauben, ihre Ergebung in ihr Schicksal und ihre Geduld im Leiden. Wir haben das Privileg, ihnen helfen zu können". – „Ihre Größe liegt darin, dass sie trotz ihrer Situation Hoffnung haben und lächeln können. Ich bewundere ihre Einstellung, ihre Liebe zum Leben, ihre Fähigkeit, den Reichtum der kleinen Dinge zu entdecken." – „Unsere Armen sind die Armen Gottes."

## Die Armen sind …

die, denen es an materiellen und geistigen
  Gütern fehlt,
die Hunger und Durst haben,
die Kleidung brauchen,
die Heimatlosen und die Entwurzelten,
die Kranken,
die körperlich und geistig Behinderten,
die Alten,
die Gefangenen,
die Einsamen,
die Unwissenden und die Zweifelnden,
die Trauernden,
die Trostlosen,
die Hilflosen,
die Verfolgten,
die Ungerechtigkeit erdulden,
die Rüpel,
die Schlechtgelaunten,
die Sünder und die Spötter,
die uns Unrecht antun,
die Unerwünschten,
die Außenseiter der Gesellschaft.

Die Armen sind das größte Geschenk, das
Gott mir geben konnte. Auf irgendeine Weise
sind die Armen – wir selbst.

# Wir tun es für jemand

Wer sich ehrenamtlich für Kranke oder Sterbende einsetzt, dem wird immer wieder die Frage gestellt: Was bekommen Sie dafür? Warum machen Sie das? Die Antworten fallen unterschiedlich aus. Meist mit einem Unterton der Verlegenheit.

Als ein amerikanischer Besucher Mutter Teresa bewundernd erklärte: „Was Sie tun, würde ich nicht für eine Million Dollar tun!", reagierte sie schlagfertig: „Ich auch nicht." Mutter Teresas Motiv verbirgt sich in einer Kurzformel, mit der sie das Besondere ihres Umgangs mit Armen und Sterbenden zum Ausdruck brachte: „Wir tun es nicht für etwas, wir tun es für jemand."

Von diesem „Jemand" stammt das Wort: „Was ihr für einen meiner geringsten Brüder getan habt, das habt ihr mir getan." Jesus hat sich in gewisser Weise mit jedem Menschen identifiziert. Im Bild gesprochen: Jesus wohnt – verborgen, vielleicht auch unerkannt – in jedem Menschen. Besonders in denen, die Not leiden. Daher empfand es Mutter Teresa als „eine Ehre", mit den „Ärmsten" sein zu dürfen. „Ich weiß: Wenn ich einen geschundenen, von Maden zerfressenen Körper anfasse, berühre ich den Leib Christi. Andernfalls", so fügte sie hinzu, „könnte mich keine Macht der Welt dazu bewegen."

Der Arme, der Kranke, der Sterbende ist für Mutter Teresa nicht nur das, was sie äußerlich von ihm wahrnimmt, sondern etwas Großes, etwas Kostbares, etwas Geheimnisvolles. Der andere ist immer mehr, als ich von ihm weiß, mehr, als er mir zeigt. Jeder Mensch ist mehr als nur er selbst. Ein indisches Sprichwort sagt: „In jedem Geschöpf ist der Schöpfer."

Um einen Menschen so zu sehen braucht es nicht die Augen, sondern ein gutes, ein „reines" Herz. Für die Augen ist oft nur die unansehnliche Hülle eines Schwerkranken sichtbar, das, was ihm fehlt. Doch der Liebe gelingt es, hinter dieser „armseligen Verkleidung" den Menschen zu entdecken, der lieben und geliebt sein will, ja Christus, der sich in ihm verbirgt. Daher rät Mutter Teresa ihren Schwestern: „Seht durch das hindurch, was sich unmittelbar euren Augen darbietet, und denkt an das heute noch lebendige Wort unseres Herrn: ‚Was ihr für einen meiner geringsten Brüder getan habt, das habt ihr mir getan.' Ihr dient Jesus, wenn ihr den Armen dient. Seinen geschundenen Körper badet ihr, seine Wunden wascht ihr aus, seine Glieder verbindet ihr." Diese verborgene Dimension des Umgangs mit Menschen nennt Mutter Teresa „das Evangelium, die Frohbotschaft der fünf Finger": Das – habt – ihr – mir – getan. „Christus können wir nicht sehen, aber unseren Nächsten sehen wir. Und für ihn können wir tun, was wir für Christus so gerne täten, wenn er sichtbar wäre."

Ob man sich an den Tod gewöhnt, wenn man so viele Menschen sterben sieht, wurde Mutter Teresa gefragt. Sie antwortete: „Dem Tod steht man nie gleichgültig gegenüber. Denn das ist der wichtigste Augenblick im Leben eines Menschen. Jedes Mal, wenn jemand in meinen Armen stirbt, ist es, als würde Jesus sterben. Ich stehe ihm bei mit der Liebe, die ich Jesus geben möchte."

*„Mich dürstet!"*

Im Oktober 1946 hielt Mutter Teresa in der Loreto-Schule Exerzitien über das Wort Jesu am Kreuz „Mich dürstet!" und über Jesu Bitte an die Frau am Jakobsbrunnen „Gib mir zu trinken!". Wir haben keine Aufzeichnungen von dem, was sie damals sagte. Aber die Verknüpfung dieser beiden Worte gibt zu denken. Für einen Orientalen ist

brennender Durst eines der stärksten inneren Er-
lebnisse. So wurde der Durst zum Sinnbild für die
Sehnsucht des Menschen nach Gott. „Meine Seele
dürstet nach Gott, nach dem lebendigen Gott", sagt
der Psalmist (Ps 42,3).

Der Mensch ist das Wesen, das Durst hat. Er ist
sich selbst nie genug, sondern sehnt sich nach
„mehr", kurz gesagt: nach der Liebe, die von Gott
kommt. Zur Samariterin sagt Jesus, er habe für diesen Durst das „lebendige Wasser", und: „Wer von
diesem Wasser trinkt, wird niemals mehr Durst haben." Doch dann geschieht das Geheimnisvolle:
Am Kreuz empfindet Jesus, der alle Dürstenden zu
sich rief, selbst diesen Durst nach Gemeinschaft mit
Gott, seinem Vater. Was Jesus anderen gegeben hatte, stand ihm selbst nicht zur Verfügung. Die Quel-
le, die er in anderen aufsprudeln ließ, war ihm ver-
sperrt. Am Kreuz ist Jesus geworden, wie wir oft
sind: einsam, verlassen, innerlich ausgetrocknet.

In jeder Kapelle der Missionarinnen der Nächs-
tenliebe stehen die Worte Jesu geschrieben: „Mich
dürstet!" Für Mutter Teresa sind dies die „Worte",
die Jesus heute im Nächsten, im Armen „spricht".

Der Sterbende ist ein Dürstender. Dürstend nach
dem Großen, nach dem Leben, und dürstend nach
den kleinen Tropfen frischen Wassers. Dürstend
nach dem ganz großen Du und nach dem kleinen

Du liebender Menschen. „Nach Liebe und Güte dürstend schaut Jesus dich bittend an. In seiner Einsamkeit sehnt er sich nach Freundschaft, heimatlos hofft er auf Geborgenheit in deinem Herzen."

In den Armen, in den Sterbenden Jesu Durst nach Liebe, nach Zuwendung stillen, dazu fühlen sich die Schwestern von Mutter Teresa berufen. „Mit jedem Dienst, den ich Kranken und Sterbenden erweise, stille ich den Durst nach Liebe, den Jesus in jener Person hat. Ich biete ihm die Liebe Gottes an, die in mir ist." Das fällt auch Mutter Teresa nicht leicht. Denn mit wohltuend nüchternen Worten fährt sie fort: „Wie selten tun wir das richtig!"

# Ich war ...

hungrig, und du hast mir zu essen gegeben,
durstig, und du hast mir zu trinken gegeben,
obdachlos, und du hast mir Türen geöffnet,
nackt, und du hast mir einen Mantel gegeben,
müde, und du hast mich ausruhen lassen,
voller Angst, und du hast mich beruhigt,
klein, und du hast mich lesen gelehrt,
im Gefängnis, und du bist in meine Zelle
  gekommen,
krank im Bett, und du hast mich gepflegt,
fremd, und du hast mich aufgenommen,
arbeitslos, und du hast für mich Arbeit gefunden,
unglücklich, und du hieltest meine Hand,
verwundet, und du hast mich verbunden,
verspottet, und du standest mir zur Seite,
alt, und du hast dich um mich gekümmert,
voll Sorgen, und du hast meinen Kummer geteilt,
glücklich, und du hast meine Freude geteilt,
unerwünscht, und du hast mich angenommen,
blind, und du hast mich geführt,
stumm, und du hast für mich gesprochen,
verkrüppelt, und du hast mich gestützt,
drogenabhängig, und du warst mir nahe,
einsam, und du warst für mich wie ein Freund.

# Jesus ist ...

das Wort,
das ich sprechen will,

die Wahrheit,
die ich verkünden will,

der Weg,
den ich gehen will,

das Licht,
das ich anzünden will,

das Leben,
das ich leben will,

die Liebe,
die ich lieben will,

die Freude,
die ich geben will,

das Opfer,
das ich bringen will,

der Friede,
den ich schenken will.

# Mit Liebe und Freude

Auf die – nach den Maßstäben unseres Gesundheitswesens – unzureichende medizinische und pflegerische Versorgung der Patienten angesprochen, verwies Mutter Teresa darauf, dass es dafür ja die Krankenhäuser gibt. Sie nehme nur Patienten auf, die von den Kliniken abgewiesen wurden. Würde sie das nicht tun, müssten diese Mitmenschen einsam auf der Straße sterben.

Natürlich versuchen die Schwestern zu tun, was ihnen medizinisch möglich ist. Doch das ist meist vergeblich. „Wir waschen und pflegen die Kranken, versuchen, ihnen Nahrung einzugeben. Wir möchten den Sterbenden das Gefühl vermitteln, dass sie erwünscht sind. Wir möchten, dass diese Menschen, die in ihrem Leben oft nichts besessen haben, wenigstens in ihrer Sterbestunde das Gesicht eines Menschen sehen, der sie wirklich liebt. Wenn sie die Welt verlassen, sollen sie einmal erfahren haben, dass sie Kinder Gottes sind, dass sie nicht vergessen sind und dass es junge Menschen gibt, die sich im Dienst für sie hingeben." Dass ein solcher Dienst auch einen Beobachter beeindrucken konnte, erfüllte Mutter Teresa mit Freude. Sie erzählte einem Journalisten: „Ich werde nie vergessen, wie ein Mann in Kalighat einer Schwester bei der Pflege eines Kranken zuschaute. Die Schwester wusste nicht, dass sie beobachtet wurde. Nach einiger Zeit kam der Mann zu mir und sagte: ‚Mutter, ich bin als Ungläubiger hierher gekommen. Heute habe ich Gott gefunden in dieser Schwester, in ihrer Art, den Kranken anzublicken und zu pflegen.'"

Sterbebegleitung ist ein vielschichtiges Beziehungsgeflecht. Mediziner, Pflegekräfte, Therapeuten, Seelsorger, Helfer, Angehörige, Bekannte und Freunde werden für einige Zeit miteinander verwoben. Auch in diesem Geflecht gilt – abgewandelt – das Wort von Mutter Teresa: Was die einen tun, können die andern nicht tun. Jeder und jede bringt die eigene Kompetenz ein. Im Miteinander kann etwas Schönes, etwas Gutes für den Patienten entstehen.

Sterbebegleitung bleibt aber auch ein personales Geschehen. Neben oder in der Kompetenz des Einzelnen wirkt immer auch die eigene Persönlichkeit. Vieles von dem, was Mutter Teresas Umgang mit Sterbenden prägte, viele ihrer Worte und Einstellungen sind nicht übertragbar. Was Mutter Teresas Hände, was ihre Augen, was der Klang ihrer Stim-

me für einen Menschen in seinen letzten Stunden
bedeutet haben, werden wir nie erfahren.

## *Kleine Dinge mit großer Liebe*

Mutter Teresas Lebenserfahrung hat sie gelehrt, dass es im Umgang mit Sterbenden vor
allem zwei Haltungen braucht, die eng miteinander
verknüpft sind: Liebe und Freude. Die vielen kleinen Dienste, auf die ein Kranker angewiesen ist,
mit großer Liebe tun, war für Mutter Teresa nicht
etwas Herausgehobenes, keine Zusatzleistung,
sondern „selbstverständlich wie leben und atmen".

Doch das Selbstverständliche kann auch Über-
windung kosten und erst durch häufige Überwin-
dung selbstverständlich werden. „Die Ärmsten der
Armen sind die, zu denen man nicht gern hingeht,
weil sie infiziert und schmutzig, voll von Bakterien
und bedeckt mit Ungeziefer sind." Mehrfach hat
Mutter Teresa ihre Schwestern auf zwei Heilige
hingewiesen, die ihren inneren Widerstand über-
wanden und Aussätzige berührten oder gar bei
sich aufnahmen: Franz von Assisi und Elisabeth
von Thüringen. Ihr eigener Rat an die Schwestern
zeugt von Verständnis und Entschiedenheit: „Wenn
du Abscheu empfindest, lauf nur weg. Komm aber
so bald wie möglich wieder." – „Gib den Kranken

nicht nur deine Pflege, sondern auch dein Herz."
Denn, so erklärte sie: „Ohne Liebe ist Dienst kein
Geschenk." Liebe kennt kein „zu früh" und kein
„zu spät". Die Zeit zum Lieben ist immer das Jetzt.
Daher sagte Mutter Teresa: „Ich beschäftige mich
mit dem Heute, weil morgen noch nicht da ist und
gestern vorüber ist. Unsere Arbeit tun wir heute.
Heute brauchen wir Jesus, heute brauchen wir zwei
Hände, um den Armen zu dienen, und ein Herz,
um sie zu lieben."

## Das Team

Wie wichtig Mutter Teresa das Team war, ver-
suchte sie in einem Gespräch klarzustellen:
„Was meinen Sie", fragte sie ihr Gegenüber, „ist
meine wichtigste Aufgabe?" – „Vermutlich die Arbeit für die Armen." – „Nein, raten Sie weiter."
Nachdem sie weitere Antworten zurückgewiesen
hatte, meinte Mutter Teresa: „Für mich ist die
Schwesternausbildung das Allerwichtigste. Denn
was könnte ich ohne die Schwestern tun?" – „Und
was wären die Schwestern ohne Sie!" – „Da mögen
Sie Recht haben, aber es braucht auf jeden Fall ein
Team. Wir brauchen einander, müssen zusammen-
kommen, einander Freude bereiten und einander
stärken, damit wir den Menschen richtig begegnen

können." – Für Mutter Teresa war Liebe ein Ganzes, das nur ungeteilt stimmig ist: „Je tiefer meine Liebe zu Jesus ist, umso tiefer ist meine Liebe zu meinen Mitschwestern, umso eifriger die Zuwendung zu den Armen." Glaubwürdig und erfüllend ist Liebe nur, wenn sie drinnen und draußen gelebt wird: „Zu Hause müssen wir unsere Schwestern lieben. Auch sie gehören zu den Ärmsten unter den Armen. Dann wird es uns mit den anderen außerhalb leichter fallen."

## Mit Freude

Um in die Gemeinschaft der Schwestern aufgenommen werden zu können, sind nach Mutter Teresa „nur wenige Dinge nötig: vor allem körperliche und geistige Gesundheit, die Fähigkeit zu lernen, viel gesunder Menschenverstand und ein frohes Wesen. Ich bin überzeugt, dass für eine Arbeit wie die unsrige gesunder Menschenverstand und Freude unerlässlich sind".

Diese so unsystematisch erscheinende, originelle Zusammenstellung der Aufnahmekriterien erscheint wie die Skizze eines Selbstporträts der Gründerin. Warum gerade die Freude so wichtig ist, lässt sich nur schwer begründen, und doch ist es verständlich ... Vielleicht liegt das an der Freude selbst: Man kann kaum sagen, was Freude ist, aber man weiß genau, wie es ist, wenn sie fehlt.

– Ohne Freude hält man ein solches Leben nicht durch: „Auch physisch", sagte Mutter Teresa, „ist die Freude eine Notwendigkeit und eine Kraft für uns. Eine Schwester, die sich bemüht, den Geist der Freude wach zu halten, fühlt sich weniger müde und ist stets bereit, weiterhin Gutes zu tun."

– Ohne Freude wird man den Armen nicht gerecht: „Wir wollen unseren Armen das Gefühl vermitteln, dass sie geliebt sind. Wenn wir mit einem traurigen Gesicht zu ihnen gehen, werden sie nur noch bedrückter." – „Es ist mir lieber", meinte sie ihren Schwestern gegenüber, „dass ihr Fehler macht und dabei freundlich seid, als dass ihr mit einem unfreundlichen Gesicht Wunder wirkt."

– Ohne Freude ist Liebe nicht echt. Es mag paradox klingen, doch auch der gegenläufige Satz von Mutter Teresa gilt: „Echte Liebe muss wehtun." Das erklärte sie mit einem einprägsamen Beispiel: „Ein vierjähriger Junge hörte, dass wir in einem Kinderheim keinen Zucker mehr hatten. Er ging nach Hause und sagte zu seinen Eltern: ‚Ich will drei Tage keinen Zucker essen. Ich gebe ihn Mutter Teresa.' Nach drei Tagen kamen die Eltern mit dem Kind zu uns. Es konnte kaum meinen Namen aussprechen, doch es hat mich gelehrt, wie man große

Liebe hat. Es kommt nicht darauf an, wie viel man gibt, sondern dass man mit Liebe gibt. Der kleine Junge gab, bis es wehtat."

Was Mutter Teresa wehtat, hat sie ihr ganzes Leben verschwiegen. Erst nach ihrem Tod wurde ein Tagebuch aus dem Jahr 1959 oder 1960 bekannt. Darin schrieb sie: „,Immer lächelnd' sagen die Schwestern und die Leute von mir. Sie meinen, mein Glaube und mein Vertrauen würden mich ganz erfüllen … Wenn sie nur wüssten, dass meine Heiterkeit nur die Decke ist, unter der Leere und Elend verborgen sind."

Mutter Teresas Freude war kein „aufgesetztes" Lächeln, sondern Blüte und Frucht einer Liebe, die wehtat. Sie haderte: „Mein Gott, was tust du mit mir?" Und sie versprach Jesus: „Wenn mein Leiden deinen Durst stillt, dann nehme ich mit Freude all das an bis zum Ende meines Lebens. Immer will ich vor deinem verborgenen Antlitz lächeln."

Jahre später sagte sie, dass es ihr manchmal sehr schwer gefallen sei, Jesus zuzulächeln; „denn er hat sehr viel von mir verlangt".

An einer Wand im Aufgang des Mutterhauses in Kalkutta steht geschrieben: „Nicht darin besteht das Wunder, dass wir diese Arbeit tun, sondern dass wir dabei glücklich sind."

# Einfach Freude ausstrahlen

*Wir* werden nie erfahren,
wie gut ein kleines Lächeln tun kann.

Vielleicht
nur ein kurzer Besuch.

Einfach helfen ...
ein Feuer machen,
einem Blinden einen Brief schreiben,
ein paar Eimer Kohlen hinauftragen,
ein Paar Schuhe finden,
jemandem vorlesen ...

Das ist wenig,
ganz wenig,
aber es ist unsere Liebe zu Gott,
die wir in die Tat umsetzen.

# Versöhnt sterben können

Rein werden, lauter sein, klar sein, frei sein von allem inneren und äußeren Schmutz, das ist", so schreibt Pater Anselm Grün, „eine Ursehnsucht des Menschen. Ich möchte frei sein von allen Selbstvorwürfen, von allen Trübungen, von allem, was mein Wesen verstellt. Ich möchte im Einklang sein mit mir selbst."

Es gibt Patienten, die von sich aus diese Sehnsucht und ihre kritische Selbstreflexion ansprechen. Andere wollen das nicht. Wieder andere können es nicht, wären aber froh und dankbar, mit jemandem sprechen zu können über ihre Hoffnung, dass ihnen verziehen werden kann.

Ob ein solches Gespräch zustande kommt, hängt vom Patienten und auch von seinem Gegenüber ab. Es gibt persönliche Licht- und Schattenseiten, die man nur bestimmten Menschen offenbart. Und auch ihnen nur in besonderen Momenten.

Es scheint, dass Mutter Teresa das Einfühlungsvermögen und die innere Kraft für solche Situationen hatte. Dennoch hat auch sie Enttäuschungen erlebt. Sie musste zum Beispiel ihrem älteren Bruder Lazar mitteilen, dass er an einer unheilbaren Krankheit litt. Einem Bekannten schrieb sie über dieses Gespräch: „Ich war diejenige, die ihm sagen musste, dass er Krebs hatte und der Familie im Himmel näher kommen würde. Er antwortete mir: Wenn du zu dieser Familie gehen willst, dann geh! Ich habe noch keine Lust dazu." Wenige Monate später, am 3. Juli 1981, ist Lazar in Palermo an Lungenkrebs gestorben.

Mutter Teresa hat viele Personen auf dem Weg zu einem versöhnten Sterben begleitet. Wenn sie davon erzählt, geschieht das meist im Zeitraffer. Wir dürfen annehmen, dass auch in dem folgenden Beispiel einige Zwischenschritte, vielleicht auch längere Prozesse ausgelassen wurden.

„In einem Müllhaufen in Neu-Delhi habe ich einmal eine Frau gefunden. Ihr Körper war mit Wunden bedeckt, sie glühte vor Fieber. Ich brachte sie in unser Heim. Sie weinte und weinte. Auch noch, als wir sie gewaschen und zu Bett gebracht hatten.
– ,Warum weinen Sie?'
– ,Mein Sohn hat mir das angetan.'
Die Frau war nicht darüber bekümmert, dass sie im Sterben lag. Es brach ihr das Herz, dass ihr Sohn, dem sie das Leben geschenkt hatte, sie einfach auf

die Straße geworfen hatte. Immer wieder sprach ich mit dieser Frau, die für ihren Sohn zu einer Last geworden war, die er nicht mehr tragen wollte.

– ‚Was dein Sohn vielleicht in einem Moment der Verwirrung getan hat, wird er sicher einmal bereuen. Sei ihm eine Mutter. Er ist dein Fleisch und Blut. Verzeih ihm …‘

Es dauerte lange. Doch bevor sie starb, konnte die Frau mit schwacher Stimme sagen:

– ‚Ich vergebe ihm, mein Gott, ich vergebe ihm.‘ "

## In Frieden mit Gott

Mutter Teresa verstand ihre Rolle in solchen Prozessen der Versöhnung als Hilfestellung: „Wir helfen den Armen, Gott um Vergebung zu bitten. Das ist eine Sache zwischen ihnen und Gott allein. Kein anderer hat das Recht, hier dazwischenzutreten. Wir helfen ihnen nur, Frieden mit Gott zu finden. Wir leben, damit sie sterben können, sei es als Hindus, als Muslime, Christen oder welchen Glaubens auch immer."

Dass jährlich mehr als tausend Menschen, die so viel mitgemacht hatten in ihrem Leben, im wahren Frieden sterben konnten, dass „sie einfach heimgingen zu Gott", machte Mutter Teresa nachdenklich. Sie gab sich – vorsichtig tastend – folgende Erklärung: „Ich glaube, dass die Armen sehr stark in der Gegenwart Gottes leben. Wer ein reines Herz hat, schaut Gott. Die Armen haben keine Angst vor dem Tod, sondern gehen mit Freude auf ihn zu. Nicht weil sie dann vom Leiden befreit sind, sondern weil sie wirklich Frieden erfahren. Und dieser Friede spiegelt sich auf ihren Gesichtern."

„Vor einiger Zeit fand ich auf der Straße einen Mann, der von Schmutz und Maden bedeckt war. Ich nahm ihn mit zu unserem Haus. Wir brauchten drei Stunden, um ihn zu säubern und die Maden von seinem Leib zu entfernen. Dann sagte er: ‚Schwester, ich gehe nun heim zu Gott.' Und er starb. Er ging wirklich heim zu Gott, mit einem wunderschönen Lächeln auf seinem Gesicht. Ich habe nie ein Lächeln wie dieses gesehen. Sein Gesicht strahlte Frieden und Freude aus, weil jemand ihn liebte, ihn annahm und ihm half, im Frieden mit Gott zu sterben."

Von Menschen, die so starben, fühlte sich Mutter Teresa reich beschenkt.

„Sie lehren uns, wie leicht das Sterben ist – nur eine weitere Handlung des Lebens, die letzte. Sie lehren uns, wie man sterben soll – ohne Anstrengung, voller Gottvertrauen."

„Eines Abends", so erzählte sie, „haben wir vier Personen aufgelesen. Eine von ihnen war in einem sehr schlechten Zustand, von Wunden bedeckt. Ihr Körper war voller Maden. Ich sagte zu den Schwestern: ‚Ich kümmere mich um diese Frau, helft Ihr den andern drei.' Ich tat alles, was ich für sie tun konnte. Ich brachte sie zu Bett. Da nahm sie meine Hand und drückte sie. Ein wunderschönes Lächeln lag auf ihrem Gesicht, und sie sprach ein einziges Wort: ‚Danke.' Dann starb sie.

In diesem einzigen Wort hat sich ihr dankbares Herz ausgesprochen. Selten habe ich ein solches Lächeln gesehen.

An ihrem Totenbett habe ich mein Gewissen erforscht und mich gefragt: Was hätte ich an ihrer Stelle getan? Ehrlich gesagt: Ich hätte versucht, die ganze Aufmerksamkeit auf mich zu ziehen. Ich hätte wahrscheinlich gesagt: Ich sterbe, ich bin hungrig, ich friere, rufen Sie einen Arzt, einen Priester, irgendjemand. Sie aber wollte nicht etwas empfangen, sie wollte mir etwas geben – ihre schöne Liebe, ihre verstehende Liebe. Arme sind wirklich großartige Menschen."

## *Übergang*

Es ist überraschend und bezeichnend, dass Mutter Teresa ganz selten über den Tod gesprochen hat. Sie sprach über Lebende, die früher oder später „auch sterben".

Für ihren eigenen Tod hatte sie nur den einen Wunsch: „Lasst mich so sterben wie diejenigen, denen ich gedient habe." Auf die Frage: „Haben Sie Angst vor dem Tod?", antwortete sie mit einer Gegenfrage: „Warum?"

Doch Mutter Teresa machte sich auch Gedanken, warum Menschen sich vor dem Tod fürchten. Zaghaft deutete sie einige Gründe an:
– weil wir der Zukunft allein gegenüberstehen,
– weil unser Gewissen nicht rein ist,
– weil wir Angst haben, uns selbst zu begegnen,
– weil wir glauben, der Tod sei das Ende des Lebens.

Es gehört zu Mutter Teresas Erfahrung, dass viele Menschen sterben, wie sie gelebt haben, dass sie oft den Eindruck haben: „Ich hätte es besser machen können." Dennoch war sie überzeugt: „Wir brauchen den Tod nicht zu fürchten, denn er ist nur ein Heimgehen zu Gott", „eine Fortsetzung", „die höchste Entfaltung, die Vollendung menschlichen

Lebens". Ein Übergang: „Unsere Seele geht zu Gott, um in seiner Gegenwart zu sein, um Gott zu sehen, um mit ihm zu sprechen, um ihn weiter zu lieben, mit größerer Liebe. – Im Tod nimmt uns Gott für ewig auf in seine Liebe, in der wir für immer lieben und geliebt werden."

Aus dieser Überzeugung heraus beantwortete Mutter Teresa die Frage, ob sie sich auf das Leben nach dem Tod freue, mit den Worten: „Selbstverständlich, denn dann gehe ich nach Hause."

„Ich bin sicher", sagte sie, „dass die Menschen, die in unseren Heimen gestorben sind, im Himmel viel für uns beten. Sie sind unsere größten Helfer. Von ihnen kommt der Segen, der unsere Arbeit begleitet." Seit ihrem Heimgang am 5. September 1997 gehört auch „Mutter", wie sie gewöhnlich von den Schwestern genannt wird, zu den vielen segensreichen Helfern und Begleitern.

# Das Leben

Das Leben ist eine Gelegenheit, nutze sie.
Das Leben ist Schönheit, bewundere sie.
Das Leben ist Seligkeit, genieße sie.
Das Leben ist ein Traum, verwirkliche ihn.
Das Leben ist eine Herausforderung, stelle dich ihr.
Das Leben ist eine Pflicht, erfülle sie.
Das Leben ist ein Spiel, spiele es.
Das Leben ist kostbar, schütze es.
Das Leben ist Reichtum, bewahre ihn.
Das Leben ist Liebe, erfreue dich an ihr.
Das Leben ist ein Geheimnis, erkenne es.
Das Leben ist ein Versprechen, erfülle es.
Das Leben ist Traurigkeit, überwinde sie.
Das Leben ist eine Hymne, singe sie.
Das Leben ist ein Kampf, akzeptiere ihn.
Das Leben ist eine Tragödie, ringe damit.
Das Leben ist ein Abenteuer, wage es.
Das Leben ist Glück, sei dankbar.
Das Leben ist Leben, verteidige es.

(In einem Heim für Aids-Kranke, das 1985
von Mutter Teresa in New York eröffnet wurde)

# Ausblick

War Mutter Teresa eine Vorläuferin oder gar eine Wegweiserin für das, was wir heute Hospizarbeit, Sterbebegleitung nennen? Ich glaube, sie selbst hätte einen solchen Anspruch weit von sich gewiesen. Das Wort „Was ich tue, sollt auch ihr tun!" kommt in ihrem Wörterbuch nicht vor.

Vieles von dem, was auf diesen Seiten zusammengestellt wurde, ist auf unsere Situation nicht übertragbar:

– Das gesellschaftliche Umfeld, die medizinischen und rechtlichen Rahmenbedingungen sind nicht zu vergleichen.

– Die „Patienten" der Mutter Teresa sind anders. Sie hatten in ihrem Leben vielleicht nie ein so schönes Schlafgewand und ein so sauberes Laken. Und sie hatten nur eine Alternative: im Trubel und Lärm einer Straße einsam zu sterben.

– Die Person der Mutter Teresa mit ihrer Berufung und ihrem Lebensweg ist einmalig. „Ich fühle mich wie ein Bleistift in Gottes Hand", sagte sie von sich. Gott schreibt mit jedem „Bleistift" anders, er macht keine Kopien. Und doch haben wir etwas mit ihr gemeinsam: „Wie unvollkommen wir auch sein mögen, er schreibt schön."

Trotz dieser unnachahmbaren, nicht übertragbaren Besonderheiten kann uns Mutter Teresas Haltung anregen, nachzudenken über das, was wir die „spirituelle Dimension der Sterbebegleitung" nennen. Was sich hinter dieser Formulierung verbirgt, ist eher eine Ahnung denn ein klares Konzept. Spirituell meint ja nicht „abgehoben fromm", sondern ganz menschlich, mit unserer Seele und unserem Leib, mit unseren Talenten und mit unseren Grenzen.

Zur ganzheitlichen Sterbebegleitung im Verbund mit Ärzten, Therapeuten, Sozialarbeitern, Pflegekräften, Angehörigen, Seelsorgern und Ehrenamtlichen könnten meines Erachtens folgende „Organe" gehören:
– Augen, die nicht „kurzsichtig" sind, sondern tiefer sehen; die in der „armseligen Verkleidung" der Sterbenden ihre einmalige Würde, ihre Größe, ja das versteckte Bild Jesu erkennen und ihn entsprechend behandeln. Augen sind aber auch Spiegel der Seele. Menschen, die Freude und Zuversicht ausstrahlen, tun nicht nur dem Patienten gut, sondern auch seinem Umfeld.

– Ohren, die auch Zwischen- und Untertöne wahrnehmen; die aus dem, was Sterbende nicht sagen oder nicht mehr sagen können, ihre Lebenssehnsucht wahrnehmen, ihren „Durst" zu lieben und geliebt zu werden. Mögen die Worte oder die Haltung der Patienten manchmal auch klagend, abweisend oder depressiv sein, kommen sie aus ihrem „dunklen Loch", ihrem „Panzer" nicht heraus, so hören wir dennoch nicht auf, nach Signalen zu lauschen, an die wir anknüpfen können.

– Hände, die pflegend und behutsam tastend den Sterbenden „berühren", ihm zum Ausdruck bringen können: Jemand ist da, bei mir, an ihn kann ich mich klammern. Die Haut ist ein sensibles Aufnahmeorgan nicht nur für medizinische Pflaster.

– Ein Herz, das offen und fähig ist, dem anderen in sich Raum zu geben, ihn an- und aufzunehmen mit seiner Hoffnung und seiner Verzweiflung. Ein solches Herz wird verwundbar bleiben, wenn ihm Leid und Not mitgeteilt wird. Und es wird sich nicht verhärten, wenn es die eigene Ohnmacht erfährt; denn es ist bemüht, zu „lieben, auch wenn es wehtut".

– Neben den persönlichen braucht es auch ein „soziales" Organ: ein Team, das von gegenseitiger Achtung geprägt ist, von Einfühlungsvermögen und Vergebungsbereitschaft, kurz: von denselben Haltungen, mit denen die Einzelnen den Patienten begegnen möchten. Auf die Frage eines Besuchers, warum es auf der Palliativstation so ruhig und friedvoll sei, antwortete ein Arzt nach kurzem Nachdenken: „Weil es vielleicht anders nicht geht." „Dicke Luft" raubt Kräfte und vergrößert die Orientierungslosigkeit der Patienten.

\* \* \*

*Auch Jesus war ein Sterbender*

Mutter Teresa hat mehrfach betont, dass sie und ihre Schwestern nicht für etwas arbeiten, sondern für jemand, für Christus im Nächsten. In dieser Kurzformel verdichtet sich das Zeugnis des Neuen Testaments, dass Jesus ganz Gott und ganz Mensch war, dass er sich in gewisser Weise mit jedem Menschen identifiziert hat. Jesus, der Sohn Gottes, hat gelebt wie wir. Und er ist gestorben wie wir. Auch er, der Sohn Gottes, war ein Sterbender.

Ohne Belege, Querverweise oder Begründungen möchte ich eine Skizze dieser Tatsache versuchen, die so im Widerspruch zu stehen scheint zu dem, wie „man" gewöhnlich von Gott denkt.

Während seines öffentlichen Lebens hat Jesus mehrfach von seinem Sterben gesprochen. Er hatte erkannt, dass sich der Widerstand gegen ihn zuspitzt, und er musste sich auf einen gewaltsamen Tod einstellen. Als dann seine Gefangennahme nahe bevorstand, bekam Jesus Angst vor dem Tod und bat Gott, seinen Vater, er möge diesen Leidenskelch an ihm vorübergehen lassen.

Sein Gebet wurde nicht erhört. Jesus wurde zum Tod verurteilt, zum Tod am Kreuz. Zu dieser schändlichen Form der Todesstrafe gehörte als abschreckendes Moment, dass der Verurteilte den Querbalken seines Kreuzes selbst zur Hinrichtungsstätte tragen musste. Unterwegs wurde für Jesus die Last seines Kreuzes zu schwer. Er konnte nicht mehr, brach unter der Last zusammen und brauchte jemand, der ihm half, sein Kreuz zu tragen.

Wenn man von manchen Menschen sagen kann, ihr Sterben offenbart ihr Leben, so gilt das sicher auch für Jesus. Sein Leben war ein Weg nach unten; er war unter den Menschen als einer, der ihnen diente, der sich für sie hingab bis zum Äußersten. Höhepunkt seines Lebens war seine Erniedrigung. Die Aufzeichnungen seiner Passion und seines Sterbens gehören zu den ältesten Texten bzw. Textvorlagen der Evangelien. Von hier aus konnte sein ganzes Leben verstanden werden.

In allen vier Darstellungen des Todes Jesu spielt der Durst des gekreuzigten Jesus eine Rolle. Passanten reichten ihm in einem Schwamm, den sie auf ein Rohr gesteckt hatten, mit Wasser verdünnten Essig, damals ein Erfrischungsgetränk für Arbeiter und Soldaten. Damit verlängerten sie sein Leben und Leiden.

Ein weiteres Motiv kommt in allen Evangelien vor: Während Jesus noch lebt, wird schon sein letztes Hab und Gut aufgeteilt, seine Kleider. Die Soldaten hatten das Recht so zu handeln, wahrscheinlich haben sie sich nichts dabei gedacht, doch welche Demütigung wird damit einem Sterbenden zugefügt!

Über die körperlichen Qualen der letzten Stunden im Leben Jesu machen die Evangelisten keine Andeutungen. Sie hatten ein anderes Anliegen. Im zeitlichen Abstand von mehr als einer Generation und aus ihrer Erfahrung mit dem auferstandenen Christus in den ersten Gemeinden versuchten sie, Antworten zu finden auf die Frage: Welche Bedeutung hat Jesu Sterben für uns? Ihre Deuteversuche fielen unterschiedlich aus. Wie es eben ist, wenn ein lieber Mensch stirbt.

Für Markus und Matthäus stand Jesu innere Not im Vordergrund. Der Sohn, der sich vom Vater geliebt und in die Welt geschickt wusste, fühlte sich am Kreuz von Gott im Stich gelassen. In der Darstellung von Markus und Matthäus endet Jesu Leben mit der großen Frage jedes Leids: Warum? „Mein Gott, mein Gott", so schreit Jesus seinem Vater entgegen, „warum hast du mich verlassen?"

Der Evangelist Lukas betont, dass Jesus am Kreuz sich verletzt, ungerecht behandelt fühlte. Er legt Jesus aber nicht die Frage in den Mund: Warum habt ihr mir das angetan?, sondern bringt Jesu Reaktion auf diese Enttäuschung, die Bitte um Vergebung: „Vater, vergib ihnen, denn sie wissen nicht, was sie tun." In diesem Evangelium endet Jesu Leben nicht mit dem unbeantworteten Fragezeichen des Warum, sondern mit Jesu vertrauensvoller Hingabe an seinen Vater: „Vater, in deine Hände lege ich meinen Geist." Alles, was der Vater ihm gegeben hat, den Lebensgeist und den Heiligen Geist, das menschliche und das göttliche Leben, gibt Jesus dem Vater zurück.

Im Johannes-Evangelium spielen die Worte „vollenden", „Ziel", „bis zum Äußersten", „bis zum Letzten" eine besondere Rolle. In diesem Buch ist Jesus der Freund, der sein Leben hingibt für die Menschen. Denn eine größere Liebe kann man sich nicht vorstellen. Da Jesus die Seinen liebte, liebt er sie nicht nur ein Stück weit, sondern bis zum Ende, bis zur Vollendung. So fasst im Johannes-Evangelium Jesus sein Leben in dem Wort zusammen: „Es ist vollbracht, vollendet." Ich habe alles getan, alles weggegeben: meine ganze Liebe.

Jesu Tod war nicht großartig. Es gibt Menschen, bei deren Sterben leuchtet etwas von Auferstehung, von Friede herüber. Von Jesu Tod wird solches nicht berichtet. Die Evangelisten stellen nüchtern fest: Er hauchte aus, er hörte auf zu atmen; bei Markus nach einem lauten, wortlosen Schrei.

Jesus starb, wie ein Mensch stirbt. Umstehende, Passanten, fromme Leute hätten gern mehr gesehen: dass der Prophet Elias kommt oder dass er vom Kreuz herabsteigen würde. Doch Jesus starb anders: hilflos, unverstanden und dazu noch verspottet.

Aus dem Bild, besser: aus den Fragmenten, welche die Evangelisten von Jesus als Sterbendem hinterlassen haben, ergeben sich einige Folgerungen für die christlich-spirituelle Dimension der Sterbebegleitung. Diese können natürlich nur angedeutet werden.

Da Jesu Sterben in den Evangelien so unterschiedlich interpretiert und dargestellt wurde, gibt es keine feste Orientierungslinie, wie christliches Sterben auszusehen hat. Wir haben daher kein Recht, die geheimnisvolle letzte Wegstrecke eines Menschen zu beurteilen, aber wir können durch den Blick auf Jesus sensibel und aufnahmebereit werden für alles, was schmerzt und nicht aufgeht. Denn alles, was uns entgegenkommt, trägt seine Spuren.

Da Jesu Sterben in der Heiligen Schrift nicht „schön", sondern hart und brutal beschrieben wurde, können wir gelassen bei einem Sterbenden verweilen, frei auch von den Voreinstellungen, was nach „frommen" Maßstäben sein darf und was nicht.

Da Jesus den Tod nicht erklärt, sondern selbst erlitten hat, sollten auch wir nicht versuchen, anderen den Tod erklären zu wollen. Der sterbende Jesus wurde nicht verstanden. Von wem auch? Menschen in ihrer letzten Lebensphase geht es oft ebenso. Mit Bewunderung können wir manchmal entdecken, mit welcher Nachsicht sie die Menschen in ihrer Umgebung behandeln.

Da Jesu Warum keine Antwort gefunden hat, wissen wir die unbeantwortbaren Warum eines Sterbenden in Gott geborgen. Seine Pläne sind nicht zu durchschauen, aber sie sind gut.

Da Jesus in seinem Sterben seinen Glauben an die Liebe Gottes, seinen Glauben an die Auferstehung nicht als linderndem Trost erfahren hat, dürfen auch wir das nicht erwarten. Nicht von anderen und nicht für uns. Vielleicht wird das einem Menschen in jener Stunde geschenkt, aber es ist nicht versprochen. Jesus verheißt in diesem Leben keine glückliche Landung, aber seine Nähe – auch in Not und Verzweiflung.

Wie Jesus den Sterbenden nahe ist, so ist er es auch dem helfend und tröstend Begleitenden. Was uns verbindet, ist der Weg zur endgültigen Begegnung mit ihm. Jesus steht auf beiden Seiten am Tor des Todes. Er geht mit dem Sterbenden, an seiner Seite durch den Tod, und er erwartet ihn bereits hinter der Pforte. Die Lösung und Erlösung heißt: mit ihm auf ihn zugehen.

Sterbebegleitung ist eine Weggemeinschaft auf Zeit. Sie weiß um den Abschied. Doch Wege gehen weiter. Irgendwie, irgendwo, nach „drei Tagen" in den Wohnungen, die Jesus uns bereitet hat. Darauf vertrauend zu hoffen, auch das kann einem Sterbenden gut tun.

\* \* \*

Mutter Teresa bezeichnete ihre Sterbenden (und sie wusste, wovon sie sprach!) als das große Geschenk, das Gott ihr gemacht hat. Einen Sterbenden als Geschenk ansehen und ihn als Geschenk behandeln – was würde allein diese Haltung ändern in einer Familie, einem Heim, einem Krankenhaus, aber auch im Sterbenden selbst, in den Menschen, die um ihn herum sind, und ebenso in den aktuellen gesellschaftspolitischen, juridischen und medizinischen Prozessen und Diskussionen.

# Quellennachweis

*Die meist gesprochenen Texte von Mutter Teresa sind mehrfach und in unterschiedlichen Übersetzungen überliefert. Daher werden die Quellen nicht eigens nachgewiesen. Sie stammen aus Zeitschriftenartikeln und aus den folgenden Werken:*

## Texte von Mutter Teresa

Beschaulich inmitten der Welt. Geistliche Weisungen, (Johannes) Einsiedeln/Freiburg 1990.

Geistliche Texte, (Matthias-Grünewald) Mainz [4]1980.

Leben, um zu lieben. Jahreslesebuch, (Herder) Freiburg i. Br. 1999.

Ein Weg zum Lieben. Meditationen, (Neue Stadt) München, Neuausgabe 2003.

Die Weisheit der Mutter Teresa, (C. Bertelsmann) München 1992.

Wie ein Tropfen im Ozean. Hundert Worte von Mutter Teresa, (Neue Stadt) München [7]2001.

Worte der Liebe, (Herder) Freiburg i. Br. [5]1979.

# Über Mutter Teresas Leben und Werk

Chawla, Nawin: Mutter Teresa, (Goldmann) München 1993.

Feldmann, Christian: Die Liebe bleibt. Das Leben der Mutter Teresa, (Herder) Freiburg i. Br. 1997.

Le Joly, Edward: Wir leben für Jesus. Mutter Teresas geistlicher Weg, (Herder) Freiburg i. Br. 1978.

Le Joly, Edward: Wir lieben Gott in dieser Welt. Die Frömmigkeit Mutter Teresas, (Herder) Freiburg i. Br. 1985.

Konermann, Bernward: Mutter Teresa, Heiligkeit ist kein Luxus, in: Neumann, Michael (Hg.): Der Friedens-Nobelpreis von 1979 bis 1982, (Pacis) Zug 1992, 30-135.

Muggeridge, Malcolm: Mutter Teresa. Ein Leben für die Ausgestoßenen, (Herder) Freiburg i. Br. [4]1979.

Spink, Kathryn: Mutter Teresa. Ein Leben für die Barmherzigkeit, (Gustav Lübbe) Bergisch Gladbach 1997.

# Mutter Teresa im Verlag Neue Stadt

**Renzo Allegri
Mutter Teresa. Ein Lebensbild**
*Die Biografie der Mutter Teresa.
Geschrieben von einem Journalisten, der sie persönlich kannte.
180 S., gebunden, sw-Bilder,
ISBN 3-87996-575-7*

**Wie ein Tropfen im Ozean
Hundert Worte von Mutter
Teresa**
*Ihre schönsten Worte, zusammengestellt in einem edlen
Geschenkband, 112 S., geb.,
ISBN 3-87996-374-6*

**Mutter Teresa
Ein Weg zum Lieben**
*Ein kleiner Band mit ergreifenden Betrachtungen von Mutter
Teresa.
48 Seiten, kartoniert,
ISBN 3-87996-604-4*

**Mutter Teresa
Gedanken für jeden Tag**
*Das Jahreslesebuch:
Täglich ein Impuls
zum Leben.
160 Seiten, gebunden,
ISBN 3-87996-542-0*

# *Weitere Werke aus der Reihe Spiritualität*

**Carlo M. Martini
Selig seid ihr!**
*Die Seligpreisungen
der Bergpredigt als
Lebensorientierung.
128 S., gebunden,
ISBN 3-87996-550-1*

**Carlo M. Martini
Hören, was der Leib
uns sagt**
*Über Gesundheit,
Krankheit, Sexualität,
Sterblichkeit. 128 S.,
ISBN 3-87996-522-6*

**Carlo M. Martini
Damit Leben
stimmig wird**
*Über die Aktualität
und den Wert der Tu-
genden. 128 S., geb.,
ISBN 3-87996-541-2*

**Carlo M. Martini
Die sieben Sakra-
mente**
*Was sie bedeuten
und wie wir aus ihnen
leben können. 72 S.,
ISBN 3-87996-597-8*

**Klaus Hemmerle
Dein Herz an Gottes
Ohr.** *Eine Gebets-
und Glaubensschule
für Beter und Nicht-
mehr-Beter. 160 S.,
ISBN 3-87996-394-0*

**Basil Hume
Selig die Suchen-
den**
*Texte für Menschen
auf dem Weg.
128 S., gebunden
ISBN 3-87996-525-0*